1870.

ARMÉE DE METZ.

[illegible]

1816

1870.

—

ARMÉE DE METZ.

PAR LE

GÉNÉRAL DELIGNY.

DEUXIÈME EDITION.

MUNSTER,

IMPRIMERIE ET LIBRAIRIE DE THEISSING.

1871.

Préface.

Actuellement, qu'un peu reposé des douloureuses émotions qui nous ont assailli, tant au milieu qu'à la suite de nos malheurs, et que la condition qui nous est faite nous donne le loisir de nous recueillir, il nous semble opportun et même nécessaire, de rappeler et de transcrire les impressions que nous éprouvions, pendant que se déroulait sous nos yeux, le triste drame fatalement dénoué par la capitulation de Metz, et de faire connaître notre sentiment, sur la part de responsabilité qui incombe aux personnages appelés par leur position à y remplir les principaux rôles.

Cette nécessité de parler résulte, pour nous, de la conviction que le mutisme des témoins, dans une affaire d'une aussi grande importance, implique une sorte de complicité morale.

C'est d'ailleurs un devoir qui s'impose à chacun, lorsqu'une grande cause est appelée devant l'opinion publique, de veiller à ce que celle-ci ne s'égare pas.

Dans le cas présent, notre propre intérêt, celui d'un grand nombre de nos amis et de nos frères d'armes, et aussi le soin de notre dignité, se concilient avec ce devoir.

Nous nous présentons donc en personne à ces grandes assises.

Celui qui écrit ces lignes n'est animé d'aucun sentiment de haine ni de rancune; il saurait, au besoin, s'élever au dessus de la passion et des plus légitimes susceptibilités; mais, ce n'est pas son cas actuel; il supporte l'adversité avec le calme que donnent une conscience tranquille et la conviction d'avoir rempli, en tout lieu et à toute heure, ses obligations, dans la limite la plus extrême de ses forces et de ses moyens.

N'ayant jamais eu de rapports bien intimes avec le Maréchal Bazaine, il ne s'est jamais éloigné de lui de parti pris, et il a toujours eu à se louer de l'obligeance et de la bienveillance du Maréchal, chaque fois qu'il a eu à y recourir.

— VII —

Pendant le cours de sa longue carrière, il s'est accoutumé à professer du respect et de l'estime pour le caractère et la valeur des deux Maréchaux et des Généraux qui se partageaient les commandements à l'Armée du Rhin.

Sous le bénéfice de ces déclarations, il usera de son entière liberté de parler. Il n'apportera pas à l'appui de son opinion un dossier de pièces officielles, car il ne se propose pas de faire un réquisitoire ; il dira tou simplement ce qu'il pense des hommes et des choses ; il le fera de bonne foi, avec la plus grande sincérité ; les intéressés pourront redresser les erreurs ou les appréciations qui leur paraîtront erronées ; ce sera de la lumière introduite dans un milieu très obscur. Mais, dans l'état actuel de la question, il demeure convaincu que tous les officiers qui faisaient partie de l'Armée du Rhin, à de rares exceptions près, retrouveront ici leurs propres impressions et la reproduction très mitigée du jugement qu'ils portent sur les hommes et sur les faits qui ont déterminé la catastrophe dont ils ont été les innocentes victimes.

Munster, le 12 décembre 1870.

Général Deligny.

I.

Lorsque l'Empereur confia au Maréchal Bazaine le commandement de l'Armée du Rhin, il ne fit que ratifier le choix du pays et la désignation de l'armée.

Le Maréchal, en prenant possession de ses hautes fonctions, assumait sur lui une grande responsabilité, et héritait d'une situation rendue très difficile, à la suite de revers inprévus qui, tout en jetant du trouble dans la conduite de la guerre, déroutant les combinaisons, renversant tous les plans primitifs, avaient introduit un grand désarroi dans les branches des différents services.

Nous n'hésitons pas à dire que la tâche qui incombait ainsi au Maréchal, dépassait de beaucoup ses moyens et ses forces, et qu'il n'était à sa hauteur, ni par son activité physique, ni par ses talents, ni par son énergie morale.

Pour une aussi grande mission, il eût fallu mettre en jeu tous les ressorts d'une grande âme, toute l'énergie d'un grand caractère; il eût fallu des éclairs de génie, peut-être! . . . .

Le Maréchal, lui, n'appela à son aide qu'une somnolence égoïste, une sorte d'indifférence pour les intérêts généraux, un petit esprit, et de petits moyens.

L'Armée, dont le sort lui était confié, représentait, par la vigoureuse constitution des cadres, la vaillance des soldats, l'esprit militaire et de discipline, dont tous étaient pénétrés, tout ce que la France était capable de fournir de mieux en fait de troupes. Cette belle armée ne demandait qu'à être commandée, conduite et dirigée; elle possédait, à un très haut degré, le sentiment de sa valeur; son énergie et son dévouement pouvaient défier les plus dures épreuves.

Malheureusement pour le Maréchal, et fatalement pour l'Armée, l'insuffisance du Chef se compliquait de celle de quelques-uns de ses Lieutenants, et celui-ci, dont le caractère ne fut jamais élevé à la hauteur des nécessités du moment, ne sut point s'affranchir des considérations de personnes, et placer chacun au rang que lui assignait, non pas seulement sa valeur nominale, mais surtout sa valeur réelle.

Sur un sujet aussi délicat, nous croyons qu'il est inutile de s'appesantir; nous nous dispensons, pour le moment, de citer des noms. Les noms viendront assez tôt sous notre plume; nous désirons qu'on n'en fasse point abus, et qu'on ne se hâte pas trop de les qualifier. Ceux

qui les portent étaient de braves et dignes militaires,
jouissant dans l'armée d'une grande considération, que
justifiaient l'honorabilité du caractère, et de grands services rendus dans les guerres précédentes; mais, deux
d'entre eux tout particulièrement n'avaient point été suffisamment formés au maniement des armes combinées,
et éprouvaient beaucoup de peine dans leur mise en jeu
sur un grand théâtre de guerre; tous même, on peut le
dire, outre qu'ils étaient plus ou moins déroutés par les
malheurs qui s'appesantissaient sur nos armées, avaient,
en quelque sorte, leur éducation militaire à refaire, par
suite des procédés tactiques inaugurés par l'ennemi, et
du prodigieux effet des armes nouvelles qui rend fatale
la plus petite faute, et exige, dans la préparation et la
conduite des batailles, une précision de vues, une unité
d'action, une prévoyance et une activité plus grandes
que par le passé.

Le Maréchal Bazaine, pris au dépourvu quant à lui-
même, ne tarda pas à se convaincre, que son entourage
et ses Lieutenants, loin de pouvoir le suppléer ou le
compléter, laissaient eux-mêmes beaucoup à désirer.

Les batailles de Borny du 14 Août, de Rezonville du
16 Août, et d'Amanvillers le 18, qui peuvent être citées
parmi les plus grandes et les plus meurtrières du siècle,
tant en raison du nombre des combattants mis en ligne
des deux côtés, que de l'acharnement de la lutte, et du
chiffre des pertes éprouvées de part et d'autre, n'ont été
pour nous que des rencontres de hasard, où l'imprévu

a tout réglé, et dont la valeur et le sang des soldats ont fait presque tous les frais.

Jamais, à aucune époque, la vaillance et la solidité des troupes n'avaient été mises à de si rudes épreuves, et il demeure bien certain que, malgré leur grande infériorité numérique, elles eussent, chaque fois, remporté d'éclatants succès, si elles avaient été mieux commandées. Mais, de direction générale, aucune; de mouvements coordonnés, aucun; de but précis, aucun! ..... de l'héroïsme individuel et par groupes, partout, sur tous les coins de l'échiquier de la bataille; les Commandants de Corps d'Armée affrontent le danger avec entrain et un grand mépris de la mort, mais à cela se borne, à peu de choses près, leur rôle.

A la suite de tant et de si stériles efforts et de si cruels sacrifices, après avoir perdu de si belles occasions de vaincre, le Maréchal Bazaine ne se crut plus capable d'entreprendre rien de grand et de décisif avec son armée; c'est, du moins, ce qui appert de sa conduite postérieure au 18 Août.

Et pourtant, il n'y avait pas lieu de perdre confiance et de se décourager, de courber la tête sous le poids de la responsabilité et de la charge!

Son armée, demeurée intacte, avait conservé toute sa vitalité; sa confiance en sa valeur s'était même accrue de ce que, s'étant mesurée avec des forces très supérieures aux siennes, elle était chaque fois demeurée maîtresse du champ de bataille; elle avait acquis une expérience chèrement payée, il est vrai, mais qui pouvait être considérée comme une préparation utile à de grandes et décisives opérations.

Dans les camps, en face de l'ennemi, l'éducation militaire des troupes se fait vite, et il est hors de doute, que, si le Maréchal eût su imprimer une direction intelligente, active et énergique aux instincts généreux et aux forces vives de l'armée, il eût pu accomplir de grandes choses. Celle-ci s'était déjà allégée d'une grande partie de ses bagages, et avait acquis une assez grande mobilité; elle eût pu, si on l'eût exigé, en acquérir davantage encore.

Le soldat d'infanterie avait conscience de la supériorité de son arme; la cavalerie avait pris de l'ascendant sur celle de l'ennemi, qu'elle n'avait jamais hésité à aborder, et, si l'artillerie était inférieure à celle de l'ennemi sous le rapport du nombre des canons, de leur calibre et de la vitesse du tir, on savait déjà qu'en rapprochant les distances et en combattant de plus près, cette infériorité était notablement diminuée; quant aux attelages des pièces, et à la manière dont elles étaient servies, on ne pouvait désirer rien de mieux.

II.

Le 20 Août, l'armée s'établit dans les campements qu'elle devait occuper jusqu'au jour de la capitulation; repliée sur elle-même, elle devait, désormais, laisser à l'ennemi toutes les facilités désirables pour assurer ses communications, ses approvisionnements de toute nature, draîner toute la Lorraine de ses produits, tracer sa circonférence d'investissement et dresser ses batteries.

Quant à elle, il ne lui fallait plus compter que sur ses propres réserves de vivres et de fourrages, et sur les médiocres ressources que pouvait offrir la zone restreinte dans laquelle elle était parquée. Mais, nul ne se préoccupait de cette situation précaire; c'était l'affaire du commandement, et il n'est malheureusement que trop démontré que celui-ci n'en prit aucun souci. Quand il y avait tant à faire et à prévoir, il ne s'occupa absolument que de l'organisation des ambulances dans la ville de Metz, où l'encombrement des malades et des blessés pouvait devenir un véritable danger; c'est peut-être la seule mesure qu'il sût prendre.

Dans les corps, parmi les troupes, l'on se figurait n'être encore qu'aux débuts d'une longue campagne, et qu'on devait très prochainement rentrer en opérations; dès lors, on s'efforçait de hâter la réparation des effets de toute sorte et de se compléter des objets perdus ou avariés. Si peu renseigné qu'on fût sur ce qui se passait dans l'intérieur de la France, les communications étant tout à fait interrompues depuis le 18, on était du moins certain que de nouvelles armées s'y organisaient, et l'on présumait qu'on serait appelé à agir concurremment avec elles, dans de grandes opérations décisives.

Le Maréchal, tout au contraire, semblable au commandant d'un vaisseau qui, ayant pu échapper à une tempête et rentrer dans un port, n'oserait plus se risquer à la mer, paraissait s'abandonner à la quiétude du calme présent, et s'efforcer d'écarter de son esprit toute préoccupation de l'avenir. L'inertie du commandement justifie cette supposition.

Pour tout dire, l'Armée n'est plus commandée, et le Général en Chef ne conserve plus de sa haute position que les prérogatives qui y sont attachées; quant à son esprit, il n'est plus avec son armée, son coeur ne bat plus à l'unisson de ceux de ses soldats; la vertu militaire, si elle persiste en lui, y demeure à l'état latent; il ne s'en manifeste plus rien, à ce point qu'on a pu comparer — image un peu trop forcée — le Maréchal à un homme d'affaires en situation mauvaise, et qui n'a d'autre but que la recherche d'expédients, pour arriver à liquider celle-ci, sans bruit, sans éclat, sans trop compromettre son honorabilité. D'ailleurs, les événements qui s'annoncent décèlent tant d'inconnu, que pour l'homme un peu habile, peu embarrassé quant au choix des moyens, le salut peut se trouver là où la masse régie par des préjugés, le respect des engagements et les scrupules de la conscience, ne saurait entrevoir que la ruine!

Cependant, cette inertie expectante, qui est devenue toute la politique du Maréchal, peut être déjouée par bien des causes: l'Armée s'en accommodera-t-elle? en France, qu'en pensera-t-on? et Mac-Mahon qui se réorganise et fera sans doute un effort dans l'Est, pour donner la main aux troupes de Metz, et faciliter la réunion dans la zone de nos places fortes du Nord, d'une force imposante de 250,000 hommes, capable de relever la fortune du Pays? . . . .

Ces considérations, et d'autres encore, n'ont pas manqué, certainement, d'agir sur l'esprit du Maréchal, mais il n'a pas paru qu'elles eussent modifié ses résolutions.

Il a dû se dire: l'Armée est confiante et disciplinée; je ne lui ai jamais fait sentir le poids de mon autorité; l'aménité de mes relations me concilie l'attachement de beaucoup d'officiers; je me suis fait au Mexique, une sorte de clientèle militaire, par suite de la faculté qui m'était laissée de distribuer des récompenses; la même faculté m'est attribuée ici, j'en userai aussi largement que les circonstances l'exigeront, et je me constituerai ainsi des avocats. Puis, je pourrai, de temps en temps, donner satisfaction aux ardeurs belliqueuses de la masse, en livrant de petits combats d'avant-poste. Enfin, mes bons rapports avec les Commandants de Corps d'armée, dont deux sont mes collègues, me garantissent leur facile accession à ma politique; au besoin, je pourrais feindre de vouloir complaire à l'armée, en en relevant tout au moins deux de leurs fonctions. Pour ce que l'on pourra penser et dire, en France, de ma conduite, je ne dois pas m'inquiéter sérieusement; les hommes de guerre ne peuvent être jugés que par les hommes de guerre; or, tous les militaires réputés les plus compétents sur les questions du métier sont ici; les fortes têtes sont avec moi; au surplus, rien n'est plus facile que d'égarer l'opinion, quand des questions sont aussi compliquées que celles qui concernent la conduite des armées.

Quant à Mac-Mahon, nous allons examiner comment on s'y prit pour lui tendre la main. Ce ne sera plus la logique des faits et l'enchaînement rationnel des idées qui parleront, ce seront les faits eux-mêmes.

III.

Nous sommes au 26; l'armée est impatiente, elle a un vague pressentiment des événements qui se préparent loin d'elle; le bruit court dans les camps, que les coureurs de Mac-Mahon ont été vus du côté de Briey; toutes les imaginations sont en travail.

Dès le matin, des ordres sont donnés pour la concentration des troupes sur la rive droite de la Moselle. Le temps est affreux, la pluie tombe par torrents, mais les soldats conservent leur bonne humeur. Ils vont, dans le meilleur ordre possible, s'accumuler à l'entrée du seul pont qui leur est livré. Les masses s'écoulent lentement, il ne faut pas moins de huit heures pour franchir l'étroite issue. Vers 3 heures, il ne restait plus à passer que quelques bataillons, lorsqu'arriva l'ordre de revenir sur ses pas, et d'aller reprendre les positions quittées le matin. Toute la nuit fut employée à exécuter le mouvement rétrograde. Chacun se demandait quel pouvait être le but que s'était proposé le Maréchal, en concentrant son armée, et cherchait à s'expliquer les causes de si singulières manoeuvres.

On sut que, pendant la journée, un conseil de guerre avait été tenu dans le fort Saint-Julien, et que le général de Coffinières y avait fait des observations, sur le danger que courrait la place de Metz, si l'armée s'en écartait, et que cédant à ses bonnes raisons, le Conseil avait reconnu la nécessité d'ajourner l'opération projetée et en cours de préparation.

Bonnes raisons, soit! mais un peu trop tardivement provoquées et données; elles ne furent, d'ailleurs, pas prises très au sérieux dans l'armée, parce qu'on y avait la certitude qu'aucune disposition n'avait été prise, soit pour abandonner Metz à ses propres moyens, soit pour la mobilisation du matériel et des réserves de vivres et de munitions, indispensables à toute armée livrée à ses propres ressources.

Le 31, il sembla qu'on voulut reprendre l'opération ajournée le 26.

Les 3° corps d'armée campés sur la rive gauche de la Moselle durent, à nouveau, se porter sur la rive droite.

Les troupes furent informées, que pour éviter l'encombrement à l'entrée du pont de bateaux, il en avait été construit un second, voisin du premier.

Effectivement, la Moselle fut franchie sur deux ponts; mais ils aboutissaient tous deux à la même issue, resserrée entre les berges de la rivière et le coteau qui borde la vallée; il en résulta que l'encombrement évité d'un côté, se reproduisit de l'autre. Cette fois là, comme la précédente, on ne sut pas, ou l'on ne voulut pas, profiter des deux ponts de pierre qui relient à Metz les deux rives de la Moselle.

Il eût été facile aussi, de réparer le pont du chemin de fer, situé en amont de la ville, et dont on avait, inconsidérément, fait sauter une arche, le 15 Août, dans la matinée.

Si réellement, on eût voulu, soit le 26, soit le 31, agir sérieusement et avec vigueur sur la rive droite de la Moselle, on n'eût point négligé les moyens de se concentrer rapidement, car une concentration rapide de l'armée eût permis au Général en Chef d'attaquer l'ennemi avec des forces écrasantes.

Des opérations de cette nature eussent pu être entreprises, chaque jour, jusqu'au 25 Septembre, avec la presque certitude du succès, sur l'une ou l'autre rive de la Moselle. Cela se démontre avec une précision, pour ainsi dire mathématique; il suffit de dire que l'armée ennemie était établie, autour des lignes françaises, sur une circonférence de 50 kilomètres environ, partagée en deux par la Moselle franchissable, pour lui, aux ponts d'Ars situé en amont, et de Malroy construit en aval, et qu'il ne fallait que détruire ou masquer un de ces ponts en cas où nous attaquions sur une rive, pour tenir éloignées du théâtre de l'action, toutes les forces de l'adversaire campées sur l'autre rive, car il leur eût été complètement impossible d'y arriver en moins de 8 à 10 heures de marche.

Le 31, jour où notre armée se concentrait sur la rive droite, le prince Frédéric Charles avait porté le gros de ses forces sur l'Orne, affluent de la Moselle par la rive gauche, afin de s'interposer entre l'armée du Rhin et celle du Maréchal de Mac-Mahon. Les positions de l'investissement n'étaient donc tenues que par les troupes de Steinmetz, dont il n'est pas possible d'évaluer le chiffre, à plus de 140,000 hommes, soit 70,000 pour la rive droite, et autant pour la rive gauche.

A 3 heures de l'après-midi, toute l'armée française, retardée dans sa marche par l'insuffisance des moyens de passage, que nous avons précédemment mentionnée, achevait son mouvement de concentration; les corps venus de la rive gauche de la Moselle entraient en ligne à la gauche et derrière ceux campés en permanence sur la rive droite, et qui étaient déjà établis, depuis 8 heures du matin, sur leurs emplacements de combat.

Pendant que s'effectuaient ces préparatifs, le Général en Chef tenait conseil avec ses Commandants de Corps d'armée et les Commandants en Chef des armes spéciales, dans la ferme de Grimont, en avant du fort Saint-Julien.

Nous ne connaissons, comme de juste, des délibérations que ce qui en a transpiré, mais il demeure avéré, qu'il fut décidé dans le conseil, que l'opération à entreprendre aurait pour théâtre, tout le terrain qui s'étend de la rive droite de la Moselle à la route de Metz à

Boulay, et pour objectif, la forte position de Sainte-Barbe, qui commande la contrée comprise entre la Moselle et la Nied, ainsi que les routes de Metz à Boulay, à Bouzonville et à Thionville.

Le Maréchal Canrobert, dont le corps d'armée occupait la gauche, devait, assure-t-on, tout en s'avançant vers l'objectif, s'emparer du village et du pont de Malroy, où l'ennemi était assez solidement établi; mais, ne s'empara-t-il pas de cette position, il lui fallait, tout au moins, la surveiller et empêcher l'ennemi d'en déboucher; ce dernier résultat, il l'obtint.

Ce projet était bien conçu dans son ensemble: les positions à attaquer représentaient, environ, le huitième de la circonférence d'investissement; l'armée avait son flanc gauche couvert par la Moselle, ses derrières assurés par les forts Saint-Julien et Belle-Croix, et, vers la droite, elle formait un échelon sur le fort Queulen.

En marchant résolûment par la gauche et le centre, en renforçant la droite d'une division de la Garde, pour barrer le chemin aux renforts que l'ennemi pourrait diriger vers le champ de bataille, on devait compter sur un éclatant succès: les Prussiens, quelque diligence qu'ils pussent faire, n'ayant pas plus de 20,000 hommes à nous opposer pendant la première heure du combat, et ne pouvant en réunir plus de 40,000, quatre heures plus tard.

L'action commença vers les 4 heures, par une violente canonnade, et, comme le front de l'armée était de moitié inférieur à l'étendue qui lui eût été nécessaire pour l'emploi utile de toutes ses forces, chaque corps d'armée, moins la Garde tenue en réserve, n'engagea sur son front qu'une brigade tout au plus.

L'infanterie s'ébranla à 5 heures, lorsque les batteries ennemies, écrasées par le feu de nos forts, se furent un peu repliées.

Les tirailleurs ennemis, éparpillés autour des premiers villages ne tinrent pas; il fallut, néanmoins, s'avancer lentement, avec précautions, en raison des difficultés du terrain couvert de vignes, coupé de haies, de fossés et de murs de clôture.

Ne voulant que retracer l'ensemble de l'opération, nous négligerons les détails particuliers à chaque corps; qu'il nous suffise donc de dire, que l'attaque du village de Noiseville fut très vive, que l'ennemi abordé sur ce point à la bayonnette, y fit des pertes sensibles et que nos troupes atteignirent, à la tombée du jour, les abords du village de Servigny, lequel est situé sur un plateau que domine, à 2000 mètres de distance, la position de Sainte-Barbe.

Quelques compagnies parvinrent à se loger dans une partie de Servigny, tandis que l'ennemi se maintenait dans l'autre; la fusillade fut entretenue de part et d'autre, sur ce point, jusqu'à 9 heures du soir.

La nuit venue, les troupes qui avaient appuyé le mouvement offensif s'arrêtèrent et bivouaquèrent sur place.

Vers la gauche, le corps Canrobert avait poussé une division jusqu'au village de Failly, situé sur un des contreforts du plateau de Saint-Barbe; cette divison se maintint, pendant la nuit, autour de cette position.

Pendant ce temps l'ennemi forçant la marche et servi par l'obscurité de la nuit, entassait de nouvelles troupes sur ses positions.

Vers une heure du matin, il attaqua le village de Servigny, où il ne rencontra que quelques compagnies de garde, qu'il en chassa aisément, mais sans oser, toutefois, pousser au delà.

Le 1er Septembre, au point du jour, le feu recommença sur toute la ligne; il fut soutenu, de part et d'autre, avec une grande vivacité; mais, nos troupes les plus avancées, ne sachant pas ce qu'elles avaient à faire, ne recevant aucun ordre, ne voyant prendre aucune disposition, soit pour les relever, soit pour les appuyer, se bornèrent à se maintenir dans leurs positions de la nuit; elles demeurèrent, pendant plusieurs heures sous un feu d'artillerie des plus violents, que leur immobilité contribuait à rendre très meurtrier; puis vers 10 heures, on les vit se retirer, dans le meilleur ordre et toujours en combattant; en arrière d'elles surgirent, presque instantanément, huit ou dix lignes de bataille se repliant, elles aussi, avec un ensemble parfait, occupant militairement et successivement toutes les positions intermédiaires; les obus éclataient par centaines au milieu d'elles, sans y occasionner le moindre trouble.

Que signifiait ce mouvement de retraite?... Que s'était-il donc passé?... chacun se le demandait. Le Général en Chef, les Commandants de corps s'interrogeaient l'un l'autre, mais ils ne le surent jamais d'une manière positive.

De fait, personne, paraît-il, n'ordonna la retraite; elle eut lieu, parce que les troupes comprirent qu'on ne faisait, ou qu'on ne voulait rien faire de bon et qu'on ne s'occupait pas d'elles; elles se retirèrent tranquillement, comme d'un commun accord. Tous les officiers de troupe, tous les généraux interrogés, répondirent invariablement: „Nous nous sommes retirés, parce que nous avons vu tout le monde se retirer!"

Lorsque le Maréchal Commandant en Chef se fut aperçu du mouvement rétrograde des troupes, il manifesta du mécontentement et une certaine inquiétude. Il donna l'ordre de faire avancer deux régiments de la Garde, qu'il fit établir sur les flancs de la route de Bouzonville, derrière des tranchées qu'on éleva à la hâte, il appela, en même temps à lui, la cavalerie de la Garde et la division de réserve de cette arme; on prit, à la hâte, quelques autres dispositions, comme si, véritablement, il y eut apparence de danger sérieux.

Toute son armée était devant lui, faisant la meilleure contenance; de danger sérieux, il n'y en avait donc aucun, et c'était s'en créer inconsidérément, que d'acculer ses lignes déployées à des obstacles infranchissables, et d'accumuler des réserves à l'entrée de défilés étroits. Il eût suffi en ce moment, d'un coup de clairon, pour arrêter instantanément ce mouvement de retraite, et d'un simple ordre pour reporter l'armée en avant. Toute précaution, même, était devenue sans objet; l'ennemi fatigué des marches qu'il avait dû faire pour se réunir, restait immobile dans ses positions; il se contentait de nous envoyer des obus et de nous faire suivre par quelques groupes de tirailleurs.

Quand on se fut arrêté en avant des forts, on s'occupa des morts et des blessés, qui furent relevés de part et d'autre. Les troupes campées en permanence sur la rive droite de la Moselle, reprirent leurs bivouacs ordinaires, et celles qui avaient à se porter sur la rive gauche, s'écoulèrent lentement et péniblement, le long des flancs du fort Saint-Julien. Il était 10 heures du soir, lorsque les derniers régiments arrivèrent sur leurs emplacements respectifs.

Il ressort de ce récit, très véridique dans son ensemble, que la bataille de Noiseville, nom donné à cette opération qui dura deux jours, et qui nous coûta au delà de 2000 hommes mis hors de combat, n'avait été, ni préparée avec soin, ni bien conduite, et que le Général en Chef ne s'était proposé aucun but sérieux, car, celui qu'il a laissé entrevoir, eût été obtenu s'il l'avait poursuivi avec la volonté de l'atteindre. Il lui eût suffi de commencer l'action deux heures plus tôt le 31, de ne pas laisser les contingents ennemis défiler, pendant toute la nuit suivante, à un kilomètre de son flanc droit, et, mêmes ces fautes ayant été commises, de donner des ordres dans la matinée du 1er Septembre, pour que l'offensive soit vigoureusement reprise.

Nous reconnaissons qu'il est du devoir d'un Commandant d'armée, d'entourer d'un certain mystère ses projets, et toutes les mesures qu'il est obligé de prendre, avant d'engager de grandes actions de guerre; et que nul, dans l'armée, en dehors de quelques coopérateurs indispensables, ne puisse pénétrer, ou ne cherche à pénétrer ses desseins. Cela est tout naturel, mais ce qui ne l'est pas, et dépasse tout ce que l'esprit peut concevoir, c'est que, lorsqu'une opération de guerre a duré deux jours, que 100,000 hommes y ont pris part, et que des mois ont été employés depuis, par le plus grand nombre, à rechercher quelle pouvait bien être la pensée du Général en Chef, en prescrivant cette opération, et le but qu'il se proposait en la faisant exécuter; ce qui déroute, disons-nous, l'intelligence, c'est qu'on en soit encore à se demander: „Mais qu'a donc voulu faire le Général en Chef?... Quant à nous, nous pensons que le Maréchal n'avait point l'intention de rompre la ligne d'investissement de l'ennemi, et qu'il ne se souciait aucunement de livrer une grande bataille. Nous l'avons déjà dit, depuis le 18 Août, il ne voulait plus tenter en grand le sort des armes; il avait peur d'un désastre. Mais, contraint par les impatiences de l'armée, de sortir de son immobilité, sentant, d'ailleurs, l'obligation de manifester son désir de concourir aux opérations du Maréchal de Mac-Mahon, il crut qu'il lui suffirait, pour donner satisfaction à ces nécessités, de déployer ses troupes, de feindre la volonté d'attirer de son côté le gros des forces de l'ennemi, et de ne s'engager que tout autant qu'il le faudrait, pour ne rien compromettre.

Il y eut dans l'armée, beaucoup de mécontentement, et, pourtant, elle ne se découragea pas; elle n'en était point encore arrivée à désespérer complétement du Général en Chef.

L'opinion s'y accrédita que le Maréchal tâtonnait, étudiait son terrain et les allures de l'ennemi, et qu'il dressait ses plans en vue d'une affaire d'importance.

Les officiers qui l'avaient vu, au camp de Châlons, très embarrassé pour remuer 30,000 hommes de toutes armes, étaient particulièrement disposés à faire admettre cette manière de voir. Ils disaient: „Ayez confiance, le Maréchal n'est pas bien sûr de lui-même, mais il étudie, se prépare en silence, et, le moment d'agir venu, il nous fera sortir d'ici avec éclat.“

A cette époque, d'ailleurs, il ne venait à l'esprit de personne dans l'armée, que celle-ci avait été réunie pour la dernière fois, et qu'elle n'aurait plus à livrer que de rares combats partiels.

Et pourtant rien de plus vrai: désormais, l'armée du Rhin, fera corps avec la garnison de la ville de Metz, et ne sera plus considérée par le Général en Chef, que comme la garde avancée de la place. Nous ne sommes encore, cependant, qu'au 2 Septembre.

IV.

Deux mois plus tard, le Maréchal Bazaine, écrivant dans l'ordre du jour, par lequel il fait connaître à son armée la capitulation, cette phrase laconique : „tout ce qu'il était loyalement possible de faire pour éviter cette fin, a été tenté et n'a pu aboutir," le Maréchal, disons-nous, se flatte plus que de droit. Qu'il ait agi plus ou moins loyalement, c'est ce que nous examinerons plus tard ; mais qu'il ait fait ce qu'il eût dû faire, ce qui était commandé par le devoir, non, cent fois non, il ne l'a pas fait ! . . .

L'heure n'était pas venue, le 2 septembre, d'abandonner la lutte en rase campagne, de se réfugier sous le canon d'une place, et de s'y faire assiéger.

Une armée ne doit point ainsi s'abriter du danger et se placer hors de lutte. Représentant le dévouement et le sacrifice, c'est aux jours d'épreuves, qu'elle doit se montrer et affirmer sa valeur; son devoir est de s'interposer, coûte que coûte, entre le pays et l'envahisseur. Il ne doit y avoir pour elle, ni trêve, ni repos, tant qu'elle demeure en puissance d'elle-même, et qu'elle n'est atteinte ni dans son organisation, ni dans ses principes fondamentaux!

On cherchera peut-être à trouver une excuse à cette immobilisation de l'armée autour de Metz, en représentant la place comme insuffisamment armée: si l'on s'en fût écarté, dira-t-on, l'ennemi eût pu la bombarder et s'en emparer. Cette objection n'est pas très sérieuse en elle-même; nous ne l'admettons que sous réserve; d'ailleurs, il eût été très facile de manoeuvrer autour de Metz, sans compromettre la possession de cette place, et n'eût-on dû faire de grandes opérations, qu'en vue d'augmenter les réserves de vivres de l'armée, en prévision du moment où l'on serait contraint, par les diminutions dans le chiffre des troupes, de se réfugier sous Metz, il eût fallu agir.

Pourquoi donc se laisser tant resserrer et souscrire si tôt à l'impossibilité de se remuer? Pourquoi n'avoir pas occupé sur la rive droite de la Moselle, les fortes positions qui séparent les vallées de la Seille et de la Nied: Ars-Laquenecy, Mercy, Colombey?

En s'y établissant, on eût rejeté l'ennemi au loin; on eût acquis le terrain nécessaire aux manoeuvres et au déploiement de l'armée, qui fût demeurée libre de ses mouvements; la possession de plus de 20 villages et grandes fermes eût été assurée; on y eût trouvé des ressources importantes en blé et en fourrages; on eût pu tenter, avec chances de succès, de s'approcher de Thionville, distant de 24 kilomètres seulement, et que l'on savait abondamment pourvu de vivres.

Et puis, enfin, quand le moment serait venu de faire l'effort suprême, commandé par le patriotisme et l'honneur des armes, que prescrit la religion du soldat, on eût pu l'entreprendre avec la certitude, qu'il ne serait ni stérile, ni suivi d'un désastre complet! . . . Sauver 50,000 hommes seulement, c'eût été se ménager l'encadrement de 300,000.

V.

Après le 2 Septembre, l'action de l'armée n'est plus concentrée, que sur les travaux nécessaires à la mise en état, et à l'armement des forts avancés de la place, et à la construction de batteries et de lignes de défense, propres à garantir la sécurité de ses propres campements.

L'ennemi, laissé complétement maître de la campagne, ne témoignait, d'ailleurs, aucune velléité de nous provoquer au combat. Il s'accommodait parfaitement de toutes les facilités qui lui étaient données, pour se fortifier autour de nous; le choix des positions avantageuses lui était complétement abandonné.

Le 12, alors que commençaient à se faire jour, les sinistres nouvelles de la catastrophe de Sédan, apportées par des prisonniers échangés aux avant-postes, le Maréchal Bazaine crut bon de réunir à son quartier, les Commandants des Corps d'armée et les Généraux de

Division, pour leur faire connaître ce qu'il savait de cet immense malheur, et ce qu'en avaient raconté, les prisonniers interrogés par son Etat-Major.

Il fit, lui-même, lecture des renseignements recueillis, puis, il exprima, en quelques paroles prononcées sans assurance, et comme incidemment, sa volonté de demeurer dans le statu quo. „Messieurs, dit-il, vous „comprenez bien que je ne veux pas m'exposer à subir „le sort de Mac-Mahon; conséquemment, nous n'entre- „prendrons plus, désormais, de grandes sorties; chacun „de vous se chargera de faire de petites opérations de „détail en avant de son front, afin de tenir la troupe „en éveil, et de montrer à l'ennemi que nous ne sommes „pas morts. Je ne puis être partout; je m'en rapporte „aux Commandants de Corps d'armée; je les laisserai „juges de l'opportunité d'ordonner ces sortes d'opérations. „Nous attendrons ainsi les ordres du Gouvernement.“

Ces quelques mots empreints d'insouciance et de bonhomie, avaient, pourtant, une grande portée; ils impliquaient une sorte de justification de la conduite du Maréchal, dont la prudence et la circonspection, avaient mis l'armée à l'abri d'un sort pareil à celui de l'armée de Sédan; ils affirmaient la volonté de persévérer dans la même ligne de conduite, dont, au surplus, le Maréchal était tout prêt à donner l'explication au Gouvernement, dont il attendait les ordres.

Ne rien faire, attendre des ordres; le voilà donc dévoilé et mis à l'ordre du jour, ce programme destiné à masquer toute la série de combinaisons et de manoeuvres mystérieuses, qui devaient acculer l'armée dans cette cruelle impasse, où elle eut à se débattre entre un désespoir stérile et le déshonneur.

Le discours du Maréchal écouté sans qu'on y prît beaucoup d'attention, ne produisit pas d'effet très sensible sur l'assistance, qui n'en comprenait ni le vrai sens, ni toute la portée. Les esprits, d'ailleurs, et toutes les pensées, étaient tournés d'un autre côté: le désastre de Sédan, ses causes, la manière dont il s'était accompli, avaient frappé les imaginations, et l'on s'était senti comme pris de vertige, en présence des cruelles souffrances qui l'avaient accompagné. On envisageait, avec une poignante douleur, les calamités qu'il pouvait entraîner pour le pays, et l'on demeurait indifférent à toute question étrangère à cet ordre d'idées.

Cependant, en sortant de chez le Maréchal, chacun des Généraux dut se recueillir, afin de pouvoir rendre compte à ses officiers du but de la réunion, et de ce qui s'y était passé.

Ce fut alors, seulement, qu'il arriva à quelques-uns d'entre eux, de se faire une idée à peu près exacte de la situation présente, et des conséquences fatales qui en devaient rationnellement sortir. Ce sont les réflexions que nous fûmes, personnellement, amené à faire, dans cette circonstance, qui nous ont fourni le fil, à l'aide duquel nous avons pu suivre le dédale des manoeuvres, qui devaient nous mener au terme que nous avons ci-dessus défini.

Les communications faites aux officiers, ne semblèrent

pas leur donner de soucis. Ils conservaient, pour la plupart, une grande confiance dans l'habileté du Commandant en Chef et dans les ressources de son esprit, qu'on disait fécond en expédients. Habitués qu'ils étaient à se laisser conduire dans les moindres détails de la vie militaire, obéissants et patients, ils ne laissaient pas leur pensée s'égarer dans des perspectives éloignées.

Ce qui les rassurait surtout, c'était la promesse qui leur était donnée, qu'on attendrait les ordres du Gouvernement. Nul ne songeait, cependant, à s'enquérir de quel Gouvernement le Maréchal avait voulu parler.

Etait-ce de celui qui était tombé le 4 septembre?

Ou de celui qui était debout à l'heure présente?

La question était pourtant assez grave pour qu'on songeât, à part soi, à se la poser.

La logique et le bon sens démontrent, à défaut de toute preuve matérielle, que ce n'était pas du Gouverment de la Défense Nationale que le Maréchal attendait des ordres, car il demeure avéré, que non seulement, il ne fit rien pour entrer en rapport avec lui, mais que, tout au contraire, il s'efforça constamment de s'en isoler.

Le Maréchal était convaincu que ce Gouvernement ne durerait pas. Il ne supposait pas Paris capable d'une résistance sérieuse; il pensait que l'anarchie et les désordres intérieurs y paralyseraient tous les efforts de la résistance, que sa capitulation serait presque immédiatement suivie de propositions de paix, et que le grand Capitaine dont l'armée était demeurée intacte, qui avait

3*

réussi à ne pas se laisser entamer, qui tenait, par l'occupation de Metz, une des clefs de la France en sa possession, deviendrait, en quelque sorte, le maître de la situation, et serait, tout au moins, en mesure d'obliger les partis à compter avec lui.

Amené par ses fautes militaires et les circonstances, à se placer dans cet ordre d'idées, le Maréchal pensa donc n'avoir plus qu'à attendre patiemment les événements, qui devaient surgir à propos pour lui fournir, non plus les moyens de justifier sa conduite antérieure, mais bien, l'occasion de la mettre en relief, et de la présenter comme le résultat de sa prévoyante perspicacité et d'un grand sens politique. Attendre, toujours attendre et voir venir, était tout le fond de cette habileté politique, autour de laquelle gravitaient les intérêts de 150,000 hommes.

L'armée a déjà vécu, depuis le 20 Août, sous le coup de l'attente; elle va continuer à se débattre et à s'user dans l'attente. Mais, chaque jour passé devra rendre cette situation expectante, plus dangereuse et plus pénible. En premier lieu, les vivres s'épuisent; il est urgent de songer à en prolonger la durée. Pour ce qui concerne la viande, nulle difficulté: l'armée possède 30,000 chevaux, ils seront mis en coupe réglée; qu'importe, en effet, que l'artillerie demeure sans attelages, et que les cavaliers soient démontés, puisque l'armée ne doit plus tenter le sort des armes en rase campagne! Quant aux autres vivres de toute nature, le seul moyen praticable d'en augmenter la durée, est de diminuer le taux des rations; on le fera insensiblement, puis arrivera un moment où l'on ne distribuera plus rien du tout.

Mais, ce moment, on ne le prévoyait pas encore; il était, au surplus, mis en dehors de tous les calculs.

Nous pensons, cependant, que, lorsqu'on commença à prescrire la diminution du taux des rations de vivres, le Commandement ne dut pas pouvoir s'affranchir du regret de n'avoir pas été plus précautionneux, et, notamment, d'avoir fait la faute de donner du seigle et du blé à manger aux chevaux, avant d'avoir songé à assurer les besoins des hommes.

Nous ne nous étendrons pas sur les conditions matérielles d'existence qui furent ainsi imposées à l'armée de Metz; ce n'a pas été ce que la situation de cette armée a présenté de plus triste; les soldats ont supporté les privations de toute sorte, avec un stoïcisme et une résignation qui leur font le plus grand honneur. On leur demandait des efforts de volonté et d'énergie; ils les ont fournis dans la limite la plus extrême de leurs forces, de même qu'ils ont affirmé jusqu'à l'héroïsme leur valeur devant l'ennemi.

Jusqu'au 20 septembre, l'abattage des chevaux ne produisit pas, dans les forces de l'armée, une diminution assez sensible pour lui enlever la conscience de sa grande valeur; de petites sorties, vigoureusement conduites, avaient contribué à lui conserver toute sa confiance en elle-même. Mais, depuis cette époque, elle n'alla plus que s'affaiblissant de jour en jour, et elle arriva rapidement au point où le Commandement semblait avoir voulu l'amener, c'est à dire, à l'impossibilité de pouvoir livrer une grande bataille. Cette impossibilité, rendue, désormais, évidente pour tous, enlevait au Maréchal toute inquiétude, qui aurait pu lui venir de l'impatience de ses troupes, et de leur répugnance à se prêter au régime qui leur était imposé.

Nous avons déjà dit notre pensée sur les mobiles qui, jusqu'alors, avaient guidé la conduite du Maréchal. Nous en écartons toute idée ou projet de restauration bonapartiste, car sa conduite est restée, dans son ensemble, constamment la même pendant la période de temps écoulé entre le 20 Août et le 23 Septembre, et celle-ci renferme, tout au moins, une vingtaine de jours pendant lesquels il ne pouvait être question de projets se rapportant à cet ordre d'idées. Mais, à partir du 23 Septembre, ce sera tout différent, le Maréchal a trouvé sa voie.

La situation matérielle de l'armée, qui empirait de jour en jour, comportait de sérieux avertissements qui devaient faire souhaiter au Maréchal de promptes solutions. En ce moment-là, l'échafaudage de ses espérances manquait par la base; la défense de Paris s'organisait sur un pied formidable; la France entière se levait pour opposer à l'envahissement de son territoire une résistance à outrance. Le Gouvernement de la Défense Nationale recueillait les adhésions de tous côtés; il était bien vivant et debout; rien ne faisait présager le terme de la formidable lutte dans laquelle le pays était engagé!

VI.

Au milieu du désarroi de ses calculs, le Maréchal devait être très anxieux, et désirer vivement sortir du mauvais pas, où l'avaient entraîné ses fautes militaires et ses mauvaises inspirations.

Pour l'homme qui se noie et dont la tête se trouble, un brin d'herbe semble une planche de salut, et il cherche à s'y cramponner.

Cette sorte de planche de salut lui fut présentée, paraît-il, par un sieur Régnier, et le Maréchal s'y cramponna, sans avoir bien la conscience de la fragilité du secours qui lui était offert.

On raconte que M. Régnier s'était mis en tête d'entreprendre la restauration de l'Empire, et que, reçu à Versailles, il avait obtenu un sauf-conduit pour venir à Metz. Il y serait arrivé, précisément à l'époque dont nous venons de parler, aurait raconté ses voyages en

Angleterre et à Versailles, effectués dans les conditions que lui-même a, depuis lors, divulguées, et n'aurait point été en peine pour faire partager ses illusions au Maréchal Bazaine et aux Commandants de Corps d'armée, lesquels auraient étudié, sous toutes leurs faces, les questions qui s'y rattachaient, et ce serait de leur délibération que sortît la mission donnée au Général Bourbaki, de se rendre en Angleterre auprès de l'Impératrice.

Le choix qui fut fait du Général Bourbaki résultait de la nature des rapports que le Général avait entretenus avec la famille impériale, mais tout particulièrement, à notre sens, du désir que l'on pouvait avoir, dans le conseil suprême, d'éloigner du conseil une personnalité que l'on jugeait gênante.

La grande situation du Général dans l'armée, son ardente nature, et les révoltes de son tempérament militaire, pouvaient faire craindre qu'il ne lançât, par instants, quelques notes discordantes dans un concert où l'on avait intérêt à voir un accord complet.

Il partit mystérieusement le 24 septembre.

L'armée ignora d'abord quel pouvait être le motif de son départ, mais, si soigneux qu'on fût pour le lui dissimuler, elle finit, cependant, au bout de quelques jours, par en pressentir le but.

Le Maréchal a dû savoir alors, par ce que lui a été rapporté des conversations auxquelles ses manoeuvres donnaient lieu, que les officiers n'étaient pas généralement disposés à admettre, qu'on pût les engager dans des aventures politiques sans leur agrément, et que, beaucoup d'entre eux faisaient leurs réserves, quant au parti qu'ils prendraient, au moment où il faudrait se prononcer.

La Garde que l'on s'est plu malicieusement à représenter, et la malice a souvent plus de crédit que la vérité, comme une sorte de Garde germaine de quelque Vitellius, la Garde, disons-nous, n'eût pas été plus disposée que les autres corps de l'armée, à se prêter à des manoeuvres de restauration. On s'y sentait indigné par la seule pensée d'un rôle à jouer de connivence avec l'ennemi.

A Paris, l'Empereur étant debout, elle n'eût transigé ni avec la révolution, ni avec l'émeute; elle eût poussé jusqu'aux plus extrêmes limites du possible son dévouement à la dynastie impériale; elle l'eût affirmé, au besoin, par le sacrifice de son dernier homme. Mais depuis, le devoir s'était déplacé; les pensées étaient toutes tournées du côté de la patrie envahie.

Au surplus, dans toute l'armée, les esprits ne pouvaient alors être accessibles qu'au patriotisme ardent qui s'alimente dans la lutte et s'affirme par le sacrifice. Ils n'eussent rien compris à cet autre genre de patriotisme, qui ne se définit qu'au moyen de raisonnements étayés de subtilités politiques.

Aussi longtemps que l'armée serait restée autour de Metz, il n'y avait à craindre, si révoltées que pussent devenir les consciences, aucune protestation violente, ni aucune rupture des liens hiérarchiques. Mais, s'il fût arrivé qu'on l'en ait fait sortir, non dans le but de combattre l'étranger, mais pour l'entraîner dans des aventures politiques, c'eût été complétement différent.

Le Maréchal Bazaine n'était pas entouré du grand prestige qui accompagne les grands Capitaines, sacrés par la victoire. Il ne possédait pas la confiance des troupes, ordinairement acquise aux grands caractères et aux natures d'élite. Il manquait donc, tout à la fois, et des ressorts voulus pour produire les entraînements aveugles, et de l'autorité morale qui s'impose aux esprits droits et réfléchis.

VII.

Le blocus de l'armée se resserrait de plus en plus, non que l'ennemi avançât sur elle, en gagnant du terrain, mais parce qu'il augmentait incessamment le nombre des batteries qu'il élevait sur la circonférence d'investissement. L'isolement se faisait de plus en plus, et les rares nouvelles de l'extérieur ne pénétraient dans l'enceinte des camps que travesties, soit que les Prussiens s'appliquassent à les raréfier ou à les défigurer, soit que le Commandement crût utile à ses desseins d'empêcher la voix du pays d'être entendue.

Le régime débilitant physiquement et moralement, auquel l'armée se trouvait astreinte, semblait avoir été combiné, de manière à produire, à point nommé, les hallucinations de la peur et la soumission inerte; on l'eût dit appliqué méthodiquement, patiemment, avec une inexorable logique.

De fait, par une singulière coïncidence, l'affaissement des forces physiques concorda toujours avec un tableau, plus ou moins fantaisiste, des forces et des progrès de l'ennemi, et ce tableau, destiné à être mis sous les yeux des troupes, était d'autant plus sombre que le temps était plus mauvais.

Depuis le milieu de Septembre, il s'était fait quelques petites sorties; la fin du mois avait été signalée par une opération, relativement plus importante, par le chiffre des forces engagées et l'étendue du terrain parcouru.

Dans une même journée, toute la zone comprise entre le chemin de fer de Sarrebruck, depuis la gare de Peltre jusqu'au château de Colombey, avait été envahie par nos troupes; sur tous les points, l'ennemi avait été bousculé, battu et malmené; on lui avait fait plusieurs centaines de prisonniers; on avait ramené quelques boeufs et quelques charretées de paille.

Si le Commandement s'était proposé, en cette occasion, de démontrer pratiquement aux troupes qu'elles n'étaient plus en état de se mesurer avec l'ennemi, et qu'elles n'avaient plus qu'à se résigner à leur sort et à courber la tête, il manqua son but, car elles prouvèrent que leur énergie n'était point éteinte. Elles s'étaient emparées, au pas de course, des positions stratégiques de la rive droite de la Moselle, de celles dont nous avons, précédemment, représenté l'occupation comme essentielle aux manoeuvres de l'armée repliée sous Metz. Mais, ce devait être le dernier effort des troupes campées sur la rive droite de la Moselle; le 2ᵉ et le 3ᵉ corps n'auront plus, désormais, qu'à se garder et à attendre.

Dans les premiers jours d'Octobre, ce fut autour des Corps campés sur la rive gauche, de donner des preuves de leur vitalité.

On feignit de vouloir s'ouvrir la route de Thionville par une préparation qui s'accusait par de petits engagements.

Le premier obstacle à vaincre était la position de Ladonchamps, château retranché, à la possession duquel l'ennemi semblait attacher une certaine importance; il lui fut enlevé, au point du jour, pour ne plus être abandonné, quelques efforts qu'il ait faits pour le reprendre. Sur la droite, vers la Moselle, l'ennemi fut également chassé des Maxes, villages importants, renfermant des approvisionnements de fourrages; nous ne nous y maintînmes pas, leur occupation n'étant d'aucune utilité.

Enfin, le 7 Octobre, un mouvement d'ensemble eut lieu dans la même direction. Des troupes du 4ᵉ et du 6ᵉ Corps attaquèrent les collines qui courent sur la gauche et parallèlement à la route de Thionville, et la Division de Voltigeurs de la Garde s'avança sur la droite de cette même route, en y appuyant sa gauche. La limite extrême que devaient atteindre les troupes dans ce mouvement offensif ayant été prescrite par le Commandant en Chef, les Généraux n'eurent à demander aux troupes, que des efforts proportionnés au but à atteindre. Généralement, on avait perdu le goût de ces sortes d'opérations, qui n'amenaient à rien qu'à des pertes d'hommes. Les troupes du 4ᵉ et du 6ᵉ Corps se conformèrent au programme, et chassèrent l'ennemi des bois avoisinant la route.

Quant à la Division de Voltigeurs de la Garde, déployée à sa sortie des tranchées, elle se trouvait avoir, à 2 kilomètres en avant de son front, les villages des Maxes, de Saint-Rémy, des Grandes et des Petites Tapes, tous plus ou moins occupés par l'ennemi.

Les Voltigeurs se portèrent résolûment en avant, ne se laissèrent point arrêter par la violence des feux de mousqueterie et d'artillerie dirigés sur eux, et ils enlevèrent, successivement, à la bayonnette, ces différents villages dans lesquels ils firent 800 prisonniers. Ils s'y maintinrent jusqu'à la nuit, sous les feux convergents de plus de 40 canons, la plupart d'un gros calibre ; s'ils se retirèrent, c'est parce que l'heure de rentrer au camp était venue.

Cette opération fut la dernière de la campagne.

Les troupes de l'Armée du Rhin ne franchiront plus, désormais, en armes, les limites de leurs camps respectifs.

Elles sont ensevelies vivantes et bien vivantes.

Leur agonie date de cette époque.

VIII.

Deux jours plus tard, le 9 Octobre, commençait une longue série de pluies froides et torrentielles, qui devait se continuer sans interruption, jusqu'à la fin du mois, et contribuer à rendre si pénible et si lugubre cette agonie d'une grande armée!

Ce fut alors que le Maréchal Bazaine, qui savait n'avoir plus rien à attendre de la mission du Général Bourbaki, se trouva acculé à la nécessité de faire connaître à son armée la situation critique qui lui avait été ménagée et dans laquelle elle se consumait, sans qu'elle eût conscience de la gravité de son état.

Il adressa aux Commandants de Corps d'armée un mémoire où étaient énumérées les ressources de l'armée, sous le rapport des moyens d'action et des forces encore disponibles, et où il était dit, notamment, qu'il ne restait plus en réserve que pour sept jours de vivres.

En regard de cet exposé, figurait l'énumération des forces de l'ennemi, accumulées sur ses positions d'investissement, formidablement hérissées de canons abrités.

Le mémoire concluait à l'impossibilité pour l'armée de percer les lignes ennemies rendues inexpugnables, et à la nécessité de traiter à des conditions honorables.

M.M. les Commandants de Corps d'armée étaient invités à communiquer ce document aux Généraux de Division et à leur demander leur avis, par écrit, sur l'urgence d'entrer en accommodement avec l'ennemi.

Quelque misérable que fût déjà l'état de l'armée, dans son ensemble, le découragement n'avait atteint ni les officiers ni les soldats. Ils se seraient sentis indignés au seul mot de capitulation; aussi, ce mot avait-il été intentionnellement écarté du mémoire, où il n'était question que d'arrangements honorables à prendre. Nous ne sommes pas en mesure de faire connaître les réponses faites à cette communication par les Généraux de Division de l'armée. Nous sommes cependant fondé à croire qu'elles ont, presque unanimement, exprimé l'avis qu'il était urgent de traiter, mais sous cette réserve, qu'on était disposé à tous les sacrifices pour sauver l'honneur des armes.

Les Généraux commandant les Divisions de la Garde demandaient qu'on entrât, sur l'heure, en arrangements, afin de ne point être acculé à la dernière ration de vivres, et de pouvoir tenter, en temps opportun, un suprême effort; ils préféraient, disaient-ils, mourir les armes à la main, à la tête de leurs troupes, que de souscrire à des conditions humiliantes.

On croyait, généralement, dans l'armée, que le prince Frédéric Charles avait tous les pouvoirs nécessaires pour traiter avec le Maréchal Bazaine, et que l'on saurait très prochainement, à quoi s'en tenir sur le degré de rigueur des exigences prussiennes. Mais il n'en était pas ainsi, apparemment, car le 10, M. le Général Boyer, premier aide-de-camp du Général Commandant en chef, et son confident, partait pour Versailles, muni des pouvoirs nécessaires pour poser les bases d'un arrangement.

Il ne devait être de retour que dans la soirée du 17, au moment précis où se consommait la dernière ration de vivres dont disposait l'armée.

Singulière coïncidence de temps, que nous notons, sans toutefois y voir le résultat d'un calcul.

Pendant l'absence du Général Boyer, les officiers de l'armée, mis au courant de l'état réel des choses, trouvaient que le temps s'écoulait bien lentement, et vivaient au milieu des préoccupations les plus anxieuses, car, l'épuisement des vivres marquait le terme, de jour en jour plus rapproché, du fatal dénouement.

L'esprit le plus distrait ne pouvait s'affranchir de la recherche de l'inconnu, qui se dressait devant lui, et chacun, quel que fût son optimisme, ne pouvait entrevoir que des ruines où devaient se confondre, abîmées, toutes les joies, toute la gloire du passé et les espérances du présent, qu'un sombre avenir et tout ce cortége d'âcres douleurs, qui viennent saisir au cœur, le soldat humilié dans ses armes et blessé dans sa dignité.

Les choses étaient-elles, pourtant, à ce point désespérées? C'est ce que se mirent à examiner plusieurs officiers résolus, et prêts à tous les sacrifices personnels que pouvait exiger l'honneur des armes.

Ils le firent avec l'attention et le soin que comportait cette délicate question.

Mais, ils n'avaient pour se guider que les cartes du dépôt de la guerre, et les renseignements que fournissait l'État-Major général sur l'état des forces de l'ennemi. Or, les cartes du dépôt de la guerre, bien faites d'ailleurs, représentent comme étant couvertes de bois, des étendues considérables de terrain qui ont été défrichées depuis plusieurs années. Quant aux renseignements sur les ouvrages défensifs élevés par l'ennemi, ils étaient appuyés de croquis, où étaient figurés avec une sorte d'exactitude mathématique, des batteries, des tranchées et toute une série d'ouvrages, se protégeant les uns les autres, en croisant leurs feux en avant des fronts, rendus ainsi inabordables. Le tout était si bien coordonné que ces croquis rappelaient les dessins qui se trouvent dans les livres élémentaires de fortification. Et cependant, en réalité, l'ennemi n'avait d'armés qu'un petit nombre d'ouvrages, les autres n'étaient que des épaulements destinés à protéger, au besoin, les batteries de campagne.

Ils reconnurent, que rien de pratique ne pouvait s'obtenir sans l'emploi de tout ce qui restait de forces vives dans l'armée, et sans l'accord de toutes les volontés, mises en action par une violente secousse morale et guidées par une habile direction.

Ils furent, ensuite, amenés à admettre que, tous ces points essentiels étant acquis, les résultats à espérer seraient hors de toute proportion avec les sacrifices à imposer aux troupes; car, si, d'un côté, on entrevoyait la possibilité de sauver une vingtaine de mille hommes d'infanterie, en les faisant échouer comme une épave, aux frontières du Luxembourg, on avait la presque certitude d'en faire tuer, blesser ou prendre tout au moins autant, et d'abandonner le reste de l'armée et la place de Metz à la discrétion absolue de l'ennemi.

Le soin de l'honneur des armes exigeait-il un pareil holocauste? Quelques-uns, dans l'armée, le crurent, parce que la religion du Drapeau le prescrivait; mais, la raison et la conscience humaine en repoussaient l'idée.

Le Général en Chef en jugea ainsi, et il était, cette fois, dans son rôle bien compris, en s'efforçant de maintenir la solidarité de l'infortune entre tous les intérêts engagés dans Metz et autour de Metz.

En agissant autrement, il eût fourni, lui-même, la formule de la condamnation de tous ses actes antérieurs, et c'eût été, pour lui, ajouter un acte de folie criminelle aux fautes passées, que de chercher, en quelque sorte, l'effacement de celles-ci en jetant son armée épuisée dans les hasards d'une lutte, qui eût amené sa destruction complète.

La pensée de se soustraire, par une violente rupture des liens hiérarchiques, aux résolutions du Commandement, a pu être été exprimée ; mais, l'on ne s'y est arrêté, dans l'armée, que pour en faire ressortir le danger et tout ce qu'elle comportait de funeste et d'impraticable.

Si indisposé que l'on pût être contre le Général en Chef, on le sentait placé sous l'égide de la discipline, et l'on comprenait que le moment eût été mal choisi pour lacérer le catéchisme du soldat.

La volonté générale de conserver la discipline intacte, rendit donc irréalisable tout effort à tenter en masse pour briser les lignes prussiennes.

Les manifestations bruyantes qui avaient lieu, quelques jours plus tard, dans les cafés de Metz, étaient l'expression de la souffrance générale, mais elles ne pouvaient avoir aucune action sur la masse de l'armée, alors résignée.

On a écrit, qu'à l'armée du Rhin, les actes d'indiscipline étaient fréquents et que la tenue y était négligée.

Nous tenons ces assertions pour absolument fausses, et comme dénotant, tout à la fois, une ignorance complète de la vie des camps, et une grande malveillance pour l'armée. Des actes d'indiscipline isolés, soit ! nous accordons qu'il a dû s'en commettre.

Quand 150,000 hommes sont réunis, et que toute leur vie se passe sous l'étreinte de la discipline, qui sert à coordonner tous les rapports et à sanctionner tous les devoirs, quoi de surprenant qu'il arrive à certaines natures de chercher à se soustraire à l'entrave ?

Contrairement à l'assertion que nous repoussons, nous affirmons que, jamais, une aussi grande agglomération de troupes n'a été placée dans des conditions plus propres à -

provoquer le relâchement de la discipline, et qu'aucune n'a aussi bien résisté aux dissolvants physiques et moraux qui s'attachent aux armées malheureuses.

La tenue des officiers et des soldats était celle qui se tolère en campagne, et qu'il était possible d'avoir dans les conditions où l'on se trouvait. Tous dormaient et se mouvaient dans la boue, sous la pluie, ayant la tristesse dans le coeur, et sous les yeux, les plus affligeants spectacles.

On reproche leur mauvaise tenue à des malheureux qui fouillaient et refouillaient la terre du matin au soir, ou disséquaient des animaux morts de faim, pour assurer leur nourriture.

Ce reproche donnerait à rire, si le sujet était moins lamentable !

IX.

Les Commandants de Corps d'armée furent invités,
le 19, par le Général en Chef, à faire connaître aux
troupes les résultats de la mission du Général Boyer,
rentré de Versailles, la veille, dans la soirée.

Ceux-ci réunirent à cet effet les généraux et les chefs
de service de leurs corps respectifs, et leur dirent à peu
près ce qui suit:

„Le général Boyer avait vu Monsieur de Bismark qui
„lui avait promis de solliciter du Roi la réunion du
„Conseil privé, qui se composait de Monsieur de Moltke,
„de lui, Monsieur de Bismark, et de deux autres per-
„sonnages.

„Le lendemain, en effet, Monsieur Boyer s'était rendu,
„sur invitation, au Conseil et y avait exposé le but de
„sa mission.

„Monsieur de Moltke, prenant ensuite la parole, avait
„déclaré que, à son avis, l'armée de Metz se trouvant,
„militairement, dans la même situation que l'armée de

„Sédan, ne pouvait prétendre à un sort différent, et
„qu'elle aurait à se rendre prisonnière de guerre.

„Monsieur Boyer s'était récrié, et avait déclaré
„que l'armée de Metz ne souscrirait à aucune condition
„humiliante et que, si on l'y contraignait, elle ne pren-
„drait conseil que de son désespoir.

„Monsieur de Bismark avait ensuite exprimé l'avis
„que quelque analogie qu'il fût possible d'établir entre
„la situation des armées de Sédan et de Metz, au point
„de vue militaire, il existait, pourtant, une grande diffé-
„rence entre les situations, eu égard au temps écoulé
„depuis la capitulation de Sédan, et aux intérêts des
„armes prussiennes à servir aux deux époques.

„Il avait ajouté que l'armée de Metz pouvait être
„appelée à jouer un rôle politique, en aidant au réta-
„blissement de la paix, résultat désiré, mais impossible
„à obtenir dans l'état d'anarchie où se trouvait la France.
„Enfin, il aurait donné à entendre que tout arrangement
„dépendait d'un accord entre l'armée de Metz et l'Im-
„pératrice régente.

„Les choses en étaient restées là à Versailles.

„Monsieur Boyer avait recueilli des nouvelles sur sa
„route, et il rapportait qu'une armée prussienne était en
„marche sur Bourges, que la République rouge était pro-
„clamée dans les grandes villes du Midi, que le Gou-
„vernement de la Défense Nationale n'y était pas re-
„connu, qu'à Paris, il ne pouvait tenir devant les factieux,
„et que ses membres s'échappaient, en montant dans
„des ballons etc.

Les Commandants de Corps d'armée ajoutèrent à ces renseignements leurs observations propres, tendant à démontrer que de grands devoirs étaient imposés à l'armée, qu'elle devait aider le pays à sortir de la situation critique dans laquelle il était engagé, et que les violences des partis rendaient inextricable. Qu'enfin, le Général en Chef avait résolu de faire partir, à nouveau, le général Boyer, qui se rendrait auprès de l'Impératrice régente, afin de la prier d'entrer, de suite, en négociations pour la paix, l'armée se chargeant d'assurer la protection des représentants du pays, qui seraient convoqués sur un point déterminé de la France, pour sanctionner les engagements souscrits.

Il n'y avait plus, selon eux, que quelques jours de patience à endurer, et l'armée sortirait très honorablement de la condition actuelle.

Tel est, en résumé, le discours tenu le 19 Octobre, par les Commandants de Corps d'armée. Monsieur le général Boyer repartit effectivement.

Allait-il à Versailles ? en Angleterre ? Ce point était laissé obscur. Il s'éloignait de l'armée, voilà tout ce qui pouvait être précisé.

Celle-ci avait repris un peu confiance. L'avenir qu'on lui faisait entrevoir produisait une distraction aux idées noires dont chacun avait senti tout son être envahi, et une sorte d'insouciance maladive remplaçait, dans la masse, la profonde tristesse qui s'y remarquait les jours précédents.

D'ailleurs, les distributions de vivres, dont la cessation avait occasionné de grandes douleurs physiques, venaient d'être reprises. La place de Metz avait vidé, au profit de l'armée, le fond de ses magasins ; celle-ci pouvait donc encore subsister pendant quelques jours, avantage inappréciable, dans les circonstances présentes, mais qui avait pour conséquence de lier si intimement le sort de la place et celui de l'armée, qu'en cas de reddition de l'une, l'autre tombait sur l'heure.

L'état général de l'armée, au point de vue matériel et moral, s'était ainsi un peu amélioré, dans son ensemble. Quelques officiers avaient pris au sérieux tout ce qui leur avait été raconté du voyage de M. le général Boyer, et partageaient la confiance qu'on avait cherché à leur inspirer, sur les résultats des nouvelles négociations ; tant les malheureux sont crédules !

Chacun commentait à sa manière et les dures paroles de M. de Moltke, et les insinuations plus bienveillantes de M. de Bismark et la réponse de M. le général Boyer, qui traduisait bien le sentiment de tous. Le plus grand nombre comptait sur l'Impératrice. On considérait que son adhésion à la politique du Général en Chef, s'imposait à elle, comme un double devoir vis-à-vis du pays, et vis-à-vis d'une armée, qui ne pouvait attendre que d'Elle sa délivrance.

Etre délivré, était le point essentiel. Quant à ce qui se passerait, dès que l'on aurait franchi les lignes prussiennes, on s'en préoccupait peu.

Une partie de l'armée était donc arrivée, sous l'influence des misères et des privations, à l'état de prostration morale et physique où l'on avait tendu à l'amener. De même que le Commandant en Chef était, six semaines auparavant, en quête de sa voie, elle attendait actuellement un sauveur.

Quant à imposer à la France un gouvernement, quel qu'il fût, c'eût été un rôle auquel la presque totalité de l'armée se fût refusée, et qu'aucun chef n'était de force à exiger d'elle, s'en fût-il soucié.

Tous les esprits, cependant, ne se laissaient pas bercer par ces espérances que le Commandement avait fait naître et qu'il s'efforçait d'entretenir, sans les partager.

Ils se refusaient à admettre que la situation présente pût se dénouer en quelques jours, au moyen des expédients sur lesquels on semblait compter; et, de fait, dans le délai indiqué par l'état des ressources en vivres, c'est à dire en trois fois quarante-huit heures, M. le général Boyer devait se rendre auprès de l'Impératrice, arrêter la rédaction d'un traité de paix, en discuter la teneur avec M. de Bismark, y faire apposer la signature des contractants, et, enfin, accourir à Metz avec cette sorte de branche d'olivier à la main.

Cela était-il croyable? Etait-il possible d'admettre que d'aussi grands intérêts pussent être aussi légèrement traités, et que des actes devant engager deux grandes puissances belligérantes pussent s'accommoder de pareilles formes diplomatiques? Non, cela n'était pas sérieux, et quiconque a voulu se donner la peine de réfléchir, ne s'y est pas trompé. On tombe du côté où l'on penche, dit-on. Généralement dans l'armée, on penchait alors du côté des illusions.

Le Commandant en Chef, poursuivant ce résultat, ne pouvait avoir d'autre but, que de gagner le temps nécessaire à la consommation des dernières rations de vivres, et de rendre l'attente moins pénible aux troupes : il fallait d'ailleurs parfaire le programme exigé par les règles de la guerre. Mais, si bien qu'il s'y prît, pour égarer les imaginations, la réalité ne tarda pas à s'imposer, à nouveau, triste et sombre ! Il y avait, d'ailleurs, dans l'air de sinistres pronostics.

Le général Boyer avait dû retarder d'un jour son départ de Metz, par suite de formalités à remplir auprès des autorités prussiennes, et l'on disait que son embarquement pour l'Angleterre avait été contrarié, pendant 24 heures, par l'état de la mer.

Dans la ville de Metz, les esprits étaient en fermentation.

Les journaux, si surveillés qu'ils fussent, traduisaient le mécontentement général ; le Commandant en Chef n'y était pas ménagé ; sa conduite militaire, ses manoeuvres politiques, étaient vertement blâmées. Ces journaux, répandus dans les camps, servaient à éclairer les plus aveugles sur la véritable situation de l'armée et sur les causes qui l'avaient amenée.

Mais, tous ces cris d'un patriotisme aux abois, ces plaintes amères, ces cuisants regrets, ces violentes apostrophes, devaient rester stériles. Ils ne produisirent d'autre effet que d'augmenter les tortures morales de tout un monde d'infortunés qui, accablés par le sentiment de leur faiblesse et de leur impuissance, demeuraient, désormais, résignés à subir un sort qu'ils savaient n'avoir pas mérité.

X.

Cependant, le terme des incertitudes approchait.

Le 24, le Général en Chef était informé, à la fois, par M. le général Boyer et M. de Bismark, que tout espoir d'un arrangement avec l'Impératrice régente devait être écarté, par suite du refus formel de l'Impératrice de se prêter au rôle qu'on s'était proposé de lui faire jouer.

Au reçu de cette nouvelle, le Maréchal Bazaine fit mander près de lui les Commandants de Corps d'armée, et leur apprit l'avortement de ses manœuvres et de ses combinaisons politiques.

Le Conseil fut mis en demeure de se prononcer, séance tenante, sur le parti à prendre en aussi grave conjoncture.

Le choix des solutions n'était pas très difficile. La situation de l'armée l'imposait.

Les membres du Conseil n'avaient donc que l'embarras d'une formule à trouver et à énoncer; à l'unanimité des voix, moins une, il fut décidé que l'armée devait capituler.

Pour chercher à adoucir, autant que possible, les rigueurs d'un sort aussi cruel, il fut décidé que l'on s'adresserait à la générosité du Prince Frédéric Charles, sur les bonnes dispositions duquel on croyait pouvoir compter, et on imagina de dépêcher vers lui le général Changarnier, illustre vétéran de nos armées, qui impose à tous le respect et l'estime par son grand âge, l'élévation de son caractère et sa valeur militaire.

Il consentit, l'homme de cœur, à faire une démarche, qu'aucun autre dans l'armée, n'était en situation de faire, et à laquelle ses antécédents guerriers ne l'avaient point préparé.

Il alla au quartier général prussien, y fut reçu avec beaucoup d'égards, mais il ne put réussir à se faire accréditer comme représentant des intérêts de l'armée, sous prétexte qu'il n'y avait pas exercé de commandement.

Le général Changarnier, ayant été ainsi éconduit, le Général de Cissey fut désigné par le Maréchal Bazaine pour se rendre, à son tour, auprès du Prince Frédéric Charles, afin de tenter d'obtenir, pour l'armée, les conditions les plus douces possibles, en invoquant la valeur déployée, le sang versé, et en faisant ressortir toutes les considérations qui plaident en faveur des troupes qui ont fait bravement leur devoir, et que la fortune a aban-

— 63 —

données. Mais, il n'a pas paru que le Prince se soit laissé beaucoup toucher par les considérations qui lui furent présentées, car, le lendemain, le Général Jarras, chef d'Etat-Major général de l'armée, se rencontrait avec son collègue prussien, pour arrêter les bases et régler les détails d'exécution de la capitulation la plus dure qui pût être imposée (1).

Nous donnerons plus loin le texte de la Convention ainsi concertée.

Tenu à l'écart, pendant toute la durée de la campagne, par le Général en Chef, qui croyait bon de n'initier à ses manoeuvres politiques que les intimes de son entourage particulier, le Général Jarras n'avait été tiré de l'inaction à laquelle il avait été intentionnellement réduit, que pour dresser l'acte de décès et faire l'inventaire de la succession de l'armée.

Celle-ci se sentait profondément humiliée et blessée; sa douleur s'exhalait en plaintes amères et en accusations sévères contre la conduite du Commandant en Chef. Des ordres prescrivant la remise des drapeaux des régiments à l'artillerie, sous le prétexte de les faire brûler, vinrent augmenter le nombre des griefs mis à la charge du Maréchal Bazaine. Ni les officiers, ni les soldats, ne pouvaient admettre qu'on vînt ainsi leur enlever les enseignes sous lesquelles ils avaient combattu, qu'on leur avait appris à honorer, et qu'ils avaient pour devoir de défendre, au prix de leur vie. Ils eussent

____

(1) Avant le départ du général Jarras un nouveau conseil fut tenu; il réunit l'unanimité des voix pour la capitulation.

voulu, au moins, se donner la triste consolation de les préserver de toute profanation, en les détruisant, et en s'en partageant les lambeaux, qu'ils eussent conservés comme de pieuses reliques. Si, dans le trouble de leurs idées, ils ne comprenaient pas les motifs de la conduite du Général en Chef, ils sentaient, du moins, qu'il n'y avait plus entre eux et lui, aucune communauté de sentiments.

Nous renonçons à peindre la physionomie que prirent la ville et les camps, lorsqu'on y apprit que la capitulation était signée et quelles en étaient les conditions. Outre que nous dépasserions les limites du cadre que nous nous sommes assigné, il nous répugne de laisser notre pensée s'arrêter longtemps sur un aussi triste sujet. Bornons-nous donc à dire, que le deuil était grand dans les cœurs et répandu sur tous les visages, que l'immensité du malheur public s'augmentait, pour chacun, des élancements douloureux résultant de l'amour-propre humilié et de la dignité blessée, et que la souffrance générale était portée à son comble.

Dans ces rudes épreuves, la fraternité d'armes vient en aide aux natures les plus faibles. Les liens se resserrèrent entre les officiers et leurs soldats, et, c'est ainsi que, se soutenant les uns les autres, ils purent atteindre sans faiblir, dignes et résignés, le moment de la séparation.

Le 28, un ordre du Général en Chef était adressé aux troupes; il portait l'annonce officielle de la capitulation. Nous aurons à revenir sur ce document qui constitue une curieuse page d'histoire.

Dans la même journée, étaient données les instructions relatives à la remise des Aigles, instructions dont nous avons précédemment dit un mot.

D'autres suivirent, mais celles-ci devaient clore la série des communications officielles entre l'Etat-Major général et l'armée. Elles étaient relatives au dépôt des armes et réglaient l'ordre de la funèbre cérémonie qui devait commencer le lendemain, au matin, pour se terminer à la nuit close.

Pour s'y conformer, le 29, dès le point du jour, les régiments et les Corps faisant unité, furent acheminés successivement vers les forts de Metz, et allèrent déposer leurs armes dans des locaux désignés à l'avance.

Ils revinrent, ensuite, à leurs bivouacs respectifs où se firent les préparatifs du départ. Enfin, les soldats, munis de leurs sacs et de tous leurs effets, furent mis en route vers les lignes prussiennes formées pour les recevoir.

Les instructions indiquaient le nombre des officiers qui, par régiment et par corps, devaient accompagner les troupes et en faire la remise aux Généraux prussiens. Il n'en fut point tenu compte.

Les chefs de corps et les officiers se firent tous un devoir de demeurer avec leurs soldats, aussi longtemps qu'ils le pourraient, et de leur faire la conduite, comme à des amis dont on a le chagrin de se séparer.

De fait, les Colonels, marchant à la tête de leurs régiments, et chaque officier à son rang, les conduisirent, dans le meilleur ordre, au camp ennemi. Là, commencèrent des scènes émouvantes qui honorent à la fois, le chef et le soldat, et qui impressionnèrent vivement les Prussiens. Ces adieux furent déchirants. L'heure venue, on se quitta les larmes aux yeux, mais la conscience tranquille, et en emportant, de part et d'autre, la satisfaction que donne le devoir loyalement accompli.

XI.

Le moment est venu, pour nous, de nous résumer.

Il ressort de ce que nous avons exposé:

Que le Maréchal Bazaine est demeuré au dessous de
sa tâche militaire, et, que, pénétré du sentiment de son
impuissance, il s'est dérobé à ses devoirs envers le pays
et à ses obligations envers l'armée dont il avait le commandement, en désertant la lutte en rase campagne, et
en abandonnant le sort de ses troupes aux hasards d'événements dont la marche et l'issue étaient problématiques
et qui s'accomplissaient loin d'elles. Que, s'apercevant
trop tard de la fausseté de ses calculs, il a demandé à
la politique les voies et les moyens de se tirer du mauvais pas où il s'était imprudemment engagé.

Et qu'enfin, tout entier aux intrigues, préoccupé, à
la fois, et de les faire aboutir et du soin de les dissimuler à son armée, il a laissé constamment celle-ci

dans l'ignorance de sa véritable situation, et l'a conduite à sa perte déjà consommée avant qu'elle n'eût conscience de son état.

La responsabilité de ce fatal dénoûement remonte donc tout entière au Général en Chef, et, quelques efforts qu'il puisse faire pour en alléger le poids et le faire partager aux Commandants de Corps d'armée, qu'il réunissait en conseil sous sa présidence, il ne réussira jamais à s'y soustraire.

Ceux-ci ne sauraient davantage s'exonérer des torts graves qu'ils ont eus vis-à-vis de l'armée.

Voici leurs noms:

le Maréchal Canrobert,
le Maréchal Leboeuf,
le Général Frossard,
le Général de Ladmirault,
le Général Desvaux,
le Général Soleille,
le Général de Coffinières.

Nous serions très embarrassé de déterminer la part de responsabilité à attribuer équitablement à chacun d'eux, mais, nous pensons qu'elle doit se déduire des situations particulières et des caractères.

Le Maréchal Canrobert est celui, de tous, qui a fait le plus défaut à l'armée, parce qu'on croyait pouvoir lui demander plus qu'aux autres; sa situation vis-à-vis du Commandant en Chef était très délicate; il donnait un grand exemple de dévouement et d'abnégation, renouvelé de sa conduite en Crimée, en se subordonnant à un collègue qu'il avait primé, pendant toute la durée de sa carrière, par la supériorité du grade, l'éclat des positions et des services, et qu'il avait devancé d'une dizaine d'années dans l'obtention du Maréchalat.

Il était entouré du prestige d'un nom respecté du monde entier, et jouissait, dans l'armée française, de l'estime générale. Mais, sa faiblesse de caractère et son indécision, son trop grand effacement dans les Conseils, lui sont généralement reprochés. La responsabilité, qu'il a encourue, atteint, mais à un moindre degré, les autres membres du Conseil qui, comme lui, ont cédé, soit par faiblesse, soit par imprévoyance, sous l'obsession, peut-être, de considérations étrangères au devoir militaire bien compris, à des suggestions mauvaises, et ont ainsi aidé aux manœuvres du Général en Chef.

Nous faisons, toutefois, une réserve concernant le Général Desvaux qui n'a figuré, dans le Conseil, que comme intérimaire, et seulement alors que les affaires étaient déjà très embrouillées; c'est lui d'ailleurs qui a demandé dans le conseil tenu le 24 Octobre qu'on tentât un dernier effort pour sauver l'honneur des armes.

XII.

L'ordre du jour, par lequel le Maréchal Bazaine annonce à son armée qu'elle doit subir les lois de la guerre et lui fait ses adieux, mérite d'être lu avec attention. Cet important document trahit chez son auteur un grand trouble de conscience et une grande confusion dans les idées.

Le trouble de conscience est manifeste, lorsque le Maréchal dit, qu'il a fait loyalement tout ce qu'il était possible de faire pour éviter la triste fin.

N'est-il pas surprenant, en effet, qu'un général en Chef, qui doit veiller à la sauvegarde de tant d'intérêts, qui dispose de tant de forces physiques et morales, d'une puissance aussi grande, en soit réduit, quand tout est perdu, à venir dire: „Je vous ai ruinés, j'en conviens, mais j'ai été loyal.‟

C'est de ce côté, pensera-t-on tout naturellement, qu'il se sentait faible.

Ce trouble ressort encore du passage où il est dit: qu'un suprême effort n'eût abouti qu'à un sacrifice inutile ; car, bien évidemment, chacun se dira : ce n'est pas pour n'avoir pas tenté un suprême effort que vous vous sentez fautif; vous savez bien que ce que l'on vous reprochera surtout, c'est de n'en avoir fait aucun, en temps voulu, alors que la réussite était possible et que le devoir exigeait qu'il fût tenté.

On se demandera aussi, quelle était la nécessité de l'appel fait à la discipline? Cette discipline, qui a servi, pendant toute la campagne, de point d'appui aux manoeuvres du Général en Chef, n'intervient-elle que pour aider à de nouveaux expédients politiques?

Dans l'intérêt que l'on porte aux armes et aux bras à conserver, comme dans celui que l'on a porté aux aigles, ne voit-on pas percer un vague pressentiment de prochaine résurrection, en vue de nouvelles parties aventureuses à jouer?

Mais, ce qui ressort, incontestablement, c'est la confusion des idées qui s'accuse par la comparaison de situations, de temps et de lieux qui n'ont, entre eux, ni parité, ni analogie.

Le rapprochement des noms qui figurent sur le document est surtout fâcheux pour celui du Général en Chef.

Un événement aussi désastreux que la capitulation de la place et de l'armée de Metz, est sans précédent aucun dans l'histoire des nations modernes, et il faut remonter le cours de dix-neuf siècles, jusqu'au resserrement et à la défaite de l'armée gauloise sous Alise, pour trouver la trace d'un fait historique qui puisse lui être comparé. Mais, encore, la comparaison est-elle tout à l'avantage de nos aïeux et de leur Chef. Ils s'étaient montrés hardis, entreprenants et redoutables jusqu'à la dernière heure, et quand celle-ci sonna, Vercingétorix était encore à cheval et revêtu de son armure.

Il alla trouver César pour implorer sa clémence en faveur de ses compagnons d'armes.

Pour lui-même, il ne stipula rien. Il savait le sort qui lui était réservé : être conduit à Rome pour y suivre le char du vainqueur et puis mourir.

Les temps sont bien changés : de nos jours, le Général en Chef, fatigué de mener son armée aux champs, se retire de la lutte, se repose pendant 2 ou 3 mois, temps nécessaire à la consommation des approvisionnements de vivres, puis, à jour fixe, fait appointement avec l'ennemi ; il lui livre par contrat une grande place avec forts et châteaux, un grand arsenal de guerre, 150,000 hommes d'excellentes troupes ; il se débarrasse ainsi d'un lourd fardeau que le vulgaire appelle le devoir et l'honneur militaires, et, avec lui, de ce lest encombrant, fruit de l'épargne accumulée du pays. Et, quand rien ne le retient plus, il fait de courts adieux à ses amis

et à ses familiers, leur dit: „au revoir, — dans un
mois à Paris —" monte en voiture, allègre et dispos,
se rend en visite à Frescaty et s'en va, de là, dîner
en famille au château voisin.

XIII.

Nous avons surabondamment établi que de grandes fautes ont été commises à l'armée du Rhin. Ailleurs, il s'est passé des faits tout aussi regrettables, et dont les conséquences ont été des plus funestes pour le pays.

Il semblerait superflu de rappeler que la préparation de la guerre a été poursuivie avec une très grande imprévoyance, et que les personnes qui avaient, par devoir et par position, la tâche d'y pourvoir, n'ont pas su s'affranchir de la présomption et de la légèreté inhérentes à l'esprit français.

Les grandes places de guerre n'étaient point suffisamment armées et approvisionnées; les forts et les ouvrages avancés que l'on avait jugé nécessaire de construire, pour préserver ces places d'un bombardement, n'étaient que tracés sur le terrain.

Les troupes ont été fractionnées par petits corps et portées précipitamment sur la frontière, avant que les réserves en hommes, en vivres et munitions, n'aient été réunies sur la grande base stratégique naturellement indiquée par le chemin de fer de Paris à Strasbourg, qui forme comme la corde de l'arc que dessinent nos frontières de l'Est et du Nord-Est.

Les Corps d'armée, aventurés comme des brigades de douaniers, n'avaient, ainsi, que le vide derrière eux. Au surplus, leur organisation n'était pas complétement achevée; chaque jour, ils se complétaient en personnel et matériel de toute espèce, qui leur étaient expédiés à la hâte.

C'est dans cette situation, qu'ils ont eu à supporter le choc d'un ennemi trois et quatre fois supérieur en nombre.

De grands revers, que l'héroïsme des soldats n'a pu conjurer, ont été la conséquence immédiate de ces mauvaises dispositions et de plans, peut-être habilement conçus, mais qui ont manqué par la base et dans les détails de l'exécution.

Mais, si mal qu'on s'y soit pris, au début de la campagne, et si coupables que puissent paraître les chefs de l'armée, chargés des préparatifs et de la conduite de la guerre, il serait injuste de faire peser sur eux l'entière responsabilité des malheurs qui ont accablé le pays.

Les causes principales de nos désastres peuvent, en effet, être recherchées tout aussi bien au dehors qu'au dedans de l'armée.

Le moment n'est point encore venu de les étudier, pour en tirer les enseignements qu'elles comportent; qu'il nous suffise donc d'énoncer que l'issue d'un choc violent entre la France et l'Allemagne était fatalement en germe dans les institutions sociales, distinctes pour les belligérants dans la relation des forces à s'opposer, et dans la puissance des moyens d'action tenus en réserve de part et d'autre.

L'Allemagne, toute enrégimentée, toute disciplinée, toute armée, avec ses 1,200,000 combattants déjà rangés en bataille, soldats d'une valeur contestable sans doute, mais habilement maniés, l'Allemagne disons-nous, n'avait qu'à étendre ses grands bras pour étreindre nos 250,000 soldats et les écraser de son poids.

La France s'est jetée précipitamment et en aveugle, au devant du danger dont elle n'a compris l'importance et la grandeur que lorsque ses armées ont été anéanties.

Frappée de stupeur, et comme paralysée par de si grandes infortunes, il lui fallut quelques jours pour se remettre de tant de cruelles secousses; puis, faisant appel à toute son énergie et à toutes ses nobles facultés, elle s'est mise à réagir contre l'adversité de toute l'ardeur du généreux sang de ses enfants.

Elle donne, actuellement, au monde étonné le grand spectacle d'une nation européenne qui, sans armée régulière, affirme, aux prix des plus grands sacrifices et au milieu des plus cruelles épreuves, sa résolution de faire respecter son sol et de ne point laisser porter atteinte à son honneur et à sa dignité.

Quelles que soient les conditions de paix qu'il lui faille accepter, elle ne sortira pas de la lutte, amoindrie aux yeux du monde, et si elle parvient à se préserver des déchirements politiques et à se constituer, à court délai, un gouvernement de son choix, la richesse de son sol et le génie industrieux de sa population la replaceront, dans peu d'années, au rang qui lui appartient.

On semble croire en France, et l'opinion s'accrédite en Allemagne, que l'Empereur Napoléon ne serait pas éloigné de tenter la restauration de son pouvoir déchu, et que les débris de l'armée régulière éparpillée en Allemagne pourraient, à l'occasion, être tenus à sa disposition pour seconder l'exécution de ses desseins.

Nous doutons que des combinaisons de cette nature soient de la conception de l'Empereur, mais, comme il serait très possible qu'elles aient pris naissance autour de lui, nous croyons utile de faire pressentir à l'Empereur qu'il se ménagerait de grands mécomptes, s'il se laissait persuader que les officiers et les soldats de l'armée de Metz pussent être amenés à reprendre les enseignes, désormais sans prestige, qui leur ont été subrepticement enlevées, et à venir se ranger, à nouveau, docilement, encore tout meurtris de leur chute, sous des chefs qui n'ont plus leur confiance et auxquels ils croient pouvoir attribuer la plus grande part des humiliations et des malheurs dont ils ont été accablés.

Quand ils rentreront en France, ces infortunés, ils ne se croiront pas en situation de se présenter comme des sauveurs et de s'arroger des droits à une mission spéciale.

Ils se tiendront, tout simplement, à la disposition du Gouvernement que le pays se sera donné, avec la ferme intention de le bien servir et d'acquitter leur dette de patriotisme dont ils ont été, bien malgré eux, contraints de suspendre le paiement.

Rendus prudents par une expérience chèrement acquise, ils ne souffriront pas, que des personnalités ambitieuses et égoïstes, quelque masque qu'elles prennent, viennent, par leurs agissements captieux, troubler leur conscience, pour les distraire de leurs devoirs.

Si, cependant, il s'en trouvait quelques-uns, — ils sont si nombreux, — qui fussent assez faibles ou aveugles pour se laisser égarer, il faudrait estimer qu'ils sont à plaindre, mais qu'aussi la condition qu'ils ont subie était bien faite pour eux.

Protocole de la Capitulation de Metz.

Entre les soussignés, le Chef d'état-major général de l'armée française sous Metz, et le Chef de l'état-major de l'armée prussienne devant Metz, tous deux munis des pleins pouvoirs de Son Excellence le maréchal Bazaine, commandant en chef, et du général en chef Son Altesse royale le prince Frédéric-Charles de Prusse.

La convention suivante a été conclue:

Art. 1er. — L'armée française, placée sous les ordres du maréchal Bazaine, est prisonnière de guerre.

Art. 2. — La forteresse et la ville de Metz avec tous les forts, le matériel de guerre, les approvisionnements de toute espèce et tout ce qui est propriété de l'Etat, seront rendus à l'armée prussienne dans l'état où tout cela se trouve au moment de la signature de cette convention.

Samedi, 29 octobre, à midi, les forts de Saint-Quentin, Plappeville, Saint-Julien, Queuleu et Saint-Privat, ainsi que la porte Mazelle (route de Strasbourg) seront remis aux troupes prussiennes.

A dix heures du matin de ce même jour, des officiers d'artillerie et du génie, avec quelques sous-officiers, seront admis dans lesdits forts, pour occuper les magasins à poudre et pour éventer les mines.

Art. 3. — Les armes ainsi que tout le matériel de l'armée, consistant en drapeaux, aigles, canons, mitrailleuses, chevaux, caisses de guerre, équipages de l'armée, munitions, etc., seront laissés à Metz et dans les forts à des commissions militaires instituées par M. le maréchal Bazaine, pour être remis immédiatement à des commissaires prussiens. Les troupes sans armes seront conduites, rangées d'après leurs régiments ou corps, et en ordre militaire, aux lieux qui sont indiqués pour chaque corps. Les officiers rentreront alors, librement, dans l'intérieur du camp retranché, ou à Metz, sous la condition de s'engager sur l'honneur à ne pas quitter la place, sans l'ordre du commandant prussien.

Les troupes seront alors conduites par leurs sous-officiers aux emplacements de bivouacs. Les soldats conserveront leurs sacs, leurs effets et les objets de campement (tentes, couvertures, marmites, etc.).

Art. 4. — Tous les généraux et officiers, ainsi que les employés militaires ayant rang d'officiers, qui engageront leur parole d'honneur par écrit de ne pas porter les armes contre l'Allemagne, et de n'agir d'aucune autre manière contre ses intérêts jusqu'à la fin de la guerre actuelle, ne seront pas faits prisonniers de guerre; les officiers et employés qui accepteront cette condition conserveront leurs armes et les objets qui leur appartiennent personnellement.

Pour reconnaître le courage dont ont fait preuve pendant la durée de la campagne les troupes de l'armée et de la garnison, il est en outre permis aux officiers qui opteront pour la captivité d'emporter avec eux leurs épées ou sabres, ainsi que tout ce qui leur appartient personnellement.

Art. 5. — Les médecins militaires sans exception resteront en arrière pour prendre soin des blessés; ils seront traités d'après la convention de Genève; il en sera de même du personnel des hôpitaux.

Art. 6. — Des questions de détail concernant principalement les intérêts de la ville sont traitées dans un appendice ci-annexé, qui aura la même valeur que le présent protocole.

Art. 7. — Tout article qui pourra présenter des doutes sera toujours interprété en faveur de l'armée française.

Fait au château de Frescaty, le 27 octobre 1870.

Signé: L. JARRAS. — STIEHLE.

Ordre Général

N° 12
A L'ARMÉE DU RHIN.

Vaincus par la famine, nous sommes contraints de subir les lois de la guerre en nous constituant prisonniers. A diverses époques de notre histoire militaire, de braves troupes, commandées par Masséna, Kléber, Gouvion Saint-Cyr, ont éprouvé le même sort qui n'entaché en rien l'honneur militaire, quand, comme vous, on a aussi glorieusement accompli son devoir jusqu'à l'extrême limite humaine.

Tout ce qu'il était loyablement possible de faire pour éviter cette fin a été tenté et n'a pu aboutir.

Quant à renouveler un suprême effort pour briser les lignes fortifiées de l'ennemi, malgré votre vaillance et le sacrifice de milliers d'existences, qui peuvent encore être utiles à la Patrie, il eût été infructueux, par suite de l'armement et des forces écrasantes qui gardent et

appuient ces lignes: un désastre en eût été la conséquence.

Soyons dignes dans l'adversité, respectons les con-
ventions honorables qui ont été stipulées, si nous voulons
être respectés comme nous le méritons. Evitons surtout,
pour la réputation de cette armée, les actes d'indiscipline
comme la destruction d'armes et de matériel, puisque,
d'après les usages militaires, places et armement devront
faire retour à la France, lorsque la paix sera signée.

En quittant le commandement, je tiens à exprimer
aux généraux, officiers et soldats, toute ma reconnais-
sance pour leur loyal concours, leur brillante valeur dans
les combats, leur résignation dans les privations, et c'est
le coeur brisé que je me sépare de vous.

Le Maréchal de France, commandant en chef,
BAZAINE.